Ideen *Blitz*

Ingrid Biermann

PurzelbaumTage

Kleine Aktionen für den Kita-Alltag

Herder Freiburg · Basel · Wien

Beobachten Sie einmal das Kind im Morgenkreis, wenn es Ihnen aufmerksam zuhört, im Freispiel, wenn es sich konzentriert mit etwas beschäftigt oder bei einem Angebot entsprechend Ihren Vorschlägen etwas ausführt. Sie werden feststellen, dass es dabei fast immer in Bewegung ist: es rutscht auf dem Stuhl hin und her, spielt mit den Fingern, wackelt mit den Füßen. Der Drang nach Bewegung ist bei Kindern sehr groß, denn sie lernen über die Bewegung und erschließen sich durch sie ihre Umwelt. Kinder fühlen sich wohl, wenn sie draußen herumtollen, Roller fahren, schaukeln, springen und klettern oder sich in einer Bewegungsbaustelle verausgaben und ihre Geschicklichkeit üben können. Bewegung fördert auch die geistige und verbale Aktivität, sie gibt Impulse für Verständigung, Reflexion und Kommunikation. Daher ist die Bewegungspädagogik ein wichtiger Schwerpunkt in der Arbeit von Erzieherinnen.

Das Spiel- und Beschäftigungsangebot in den Tageseinrichtungen hat sich während der letzten Jahre zum Wohl der Kinder verändert. Bewegungsbaustellen sind keine Seltenheit mehr und auch bestimmte Angebote werden auf dem Boden, d. h. auf Matten statt auf Stühlen durchgeführt. Auch das Spielen im Freien und Toben ist alltäglich und wetterunabhängig geworden. So kommen wir dem Bewegungsdrang der Kinder in unserer täglichen Arbeit schon sehr entgegen. Trotzdem sollten gezielte Bewegungsangebote nicht vernachlässigt werden, denn auch sie sind wichtig: Gemeinsame Bewegungsspiele machen nicht nur Spaß, sondern fördern auch die Sozialkompetenz. Das Kind lernt, seine Bewegungen zu kontrollieren und auf das Ziel der Gruppe bzw. der Erzieherin auszurichten.

Ein Projekt mit dem Schwerpunkt „Bewegung“ ist hierbei sehr hilfreich. Belegen Sie für einige Tage ihren Turnraum oder den einer nahe gelegenen Schule oder eines Vereins und erleben Sie mit den Kindern das „Turnen“ einmal länger, intensiver, ausdauernder. Vielleicht gelingt es Ihnen auch, einen anderen Kindergarten zu motivieren, gemeinsam mit Ihnen ein solches Bewegungsprojekt durchzuführen. So können Sie gegenseitig Geräte und Räumlichkeiten austauschen, ein Sportfest oder ein Fest unter dem Motto „Ein Tag der Bewegung“ gemeinsam mit den Eltern planen und durchführen. Elternabende, die von einem Bewegungstherapeuten, einem Sportmediziner oder einem Motopädagogen begleitet werden, helfen den Eltern, ein besseres Verständnis für Ihre Konzeption (Bewegungsbaustelle, freies Spiel an der frischen Luft oder Lernen über die Bewegung) aufzubringen. Streben Sie eine Zusammenarbeit mit Sport-, Schwimm-, Reitvereinen an. Ein Austausch wird sich auf Ihre Arbeit bestimmt positiv auswirken.
Setzen Sie Bewegung im Einrichtungsalltag ein. Schon eine Mitmachgeschichte im Mor-

Inhalt

genkreis, ein Bewegungslied oder ein situativ eingebautes Bewegungsspiel bringt die Kinder wieder auf Trab, verhilft ihnen zu mehr Konzentration und lässt sie spielend lernen. Bewegungsangebote fördern das Selbstbewusstsein eines Kindes und es lernt, sich mit seinen Stärken und Schwächen anzunehmen.

Ich möchte in Ihnen, liebe Erzieherinnen, durch die hier angegebenen Vorschläge Freude und Neugierde für Bewegung wecken. Schauen Sie, was in Ihrer Einrichtung machbar ist. Verändern Sie meine Vorschläge entsprechend Ihren Vorstellungen und Möglichkeiten, ergänzen Sie sie mit eigenen Ideen, schauen Sie auf die Bedürfnisse Ihrer Kinder und berücksichtigen Sie diese, nehmen Sie die Hilfe der Eltern und sportlichen Institutionen an – und Sie werden sehen, es werden für alle bewegte Purzelbaumtage.

Ingrid Biermann

Der Bär, der nicht laufen wollte

Material: 3 Teddybären, ein Betttuch, ein Glas Honig, für jedes Kind eine Sitzmatte

Raumvorbereitung: Die Matten liegen in einem großen Kreis. Das Material liegt griffbereit und ist mit dem Betttuch abgedeckt.

Einstieg: Die Kinder sitzen im Kreis. Die Erzieherin bittet sie, die Augen zu schließen und einen Zeigefinger vorzustrecken. Erzieherin: „Ich gebe euch jetzt etwas auf den Zeigefinger und ihr probiert es mit geschlossenen Augen. Es ist etwas, das ihr alle mögt." Danach geht sie mit dem Glas Honig herum, nimmt den Zeigefinger jedes Kindes, taucht ihn in den Honig. Die Kinder dürfen dann gemeinsam probieren und herausfinden, worum es sich handelt. Nachdem sie das herausgefunden haben, öffnen sie wieder die Augen und versuchen die Frage zu beantworten: „Wer nascht gerne vom Honig?"
(Menschen und Tiere)
Danach stellt die Erzieherin zwei Bären vor und zeigt den Kindern, was sie, außer Honig naschen, noch so alles können und wie beweglich sie sind. Dazu nimmt sie das Betttuch. Alle Kinder halten es fest. Die Bären werden darauf gelegt und das Betttuch wird in Schwingung gebracht. Die Kinder legen das Tuch ab und die zwei Bären werden darauf gesetzt. Die Erzieherin holt den dritten Bären. Sie stellt ihn vor, setzt ihn zu den anderen und erzählt die folgende Geschichte.

Hugo ist ein junger Bär, der nichts lieber macht, als den ganzen Tag faul unter einem großen Baum zu liegen und zu träumen. Wenn er dann noch eine große Portion Honig neben sich liegen hat, geht es ihm besonders gut. Hugo hat zwei Brüder, die so alt sind wie er. Doch die sieht er tagsüber nur ganz selten, denn sie klettern und springen von morgens bis abends im Wald herum. Sie sind sehr lebhaft und still sitzen, so wie Hugo, das mögen sie gar nicht. Hugo hat für diese Art von Bewegung nichts übrig. Das Einzige, was er hin und wieder bewegt, sind seine Ohren. Damit vertreibt er die lästigen Fliegen. Seine Zunge bewegt er auch. Mit ihr schleckt er den Honig. Das Klettern, Springen und Purzelbaumschlagen seiner Brüder interessiert ihn wenig. So vergehen die Tage. Hugo faulenzt und seine Brüder springen und toben herum.

Eines Tages, als die drei Bären zusammen unter dem großen Baum Mittagsruhe halten, fällt Hugo etwas auf. Er betrachtet seine Brüder und sich und stellt mit Schrecken fest, dass er viel dicker ist als sie. Er hat einen dicken Bauch und seine Brüder haben gar keinen Bauch. Hugo findet das sehr merkwürdig.

Während seine Brüder schlafen, blinzelt er immer wieder zu ihnen rüber und schaut an sich selbst hinunter. Er findet, dass sie besser aussehen als er. Mit einem Mal findet Hugo sich dick und mag sich gar nicht mehr leiden.
Als seine Brüder wach werden, fragt er sie: „Warum seid ihr so dünn und ich bin so dick?“ Die Bären wundern sich. „Das weißt du nicht?“, fragt der eine und der andere fügt hinzu: „Du isst zu viel und bewegst dich zu wenig. Deshalb wirst du von Tag zu Tag dicker.“ Kaum haben sie Hugo geantwortet, da sind sie auch schon wieder hüpfend und springend im Wald verschwunden. Als Hugo allein ist, streicht er immer wieder über seinen Bauch und stellt fest, dass er wirklich viel zu dick ist. „Ich muss mich mehr bewegen“, sagt er leise. Langsam steht er auf und schaut sich um. Niemand ist in der Nähe. Er ist allein. Also kann er nun auch einmal hüpfen und springen und einen Purzelbaum machen. Doch, o je, er kann gar nicht mehr hüpfen und springen – und einen Purzelbaum, den kann er schon gar nicht. Sein dicker Bauch ist ihm im Weg. „Dann eben nicht“, brummt er, setzt sich unter den Baum und faulenzt weiter. Auch das Naschen lässt er nicht. Im Gegenteil. Honig verputzt er täglich mehr. So vergehen wieder einige Tage und Hugo faulenzt weiter, während seine Brüder klettern, springen und Purzelbäume machen.
Doch eines Tages wird es Hugo unter dem Baum sehr langweilig. „Immer nur sitzen und Honig schlecken, das ist auf Dauer auch nicht toll“, denkt er. So beschließt er, es ab sofort so zu machen wie seine Brüder, denn ihnen ist nie langweilig. Sie haben immer viel Spaß. Von dem Tag an führt Hugo ein ganz anderes Leben. Er steht früh auf, isst Beeren und Früchte und schleckt nur ganz, ganz wenig Honig.

Jeden Morgen läuft er durch den Wald, klettert auf Bäume, hüpft über Wurzeln und übt einen Purzelbaum. Die ersten Tage sind sehr anstrengend. Doch schon nach einer Woche merkt er, dass ihm das Laufen und Klettern viel Spaß macht und auch das Purzelbaumschlagen ist für ihn bald das Einfachste der Welt.
Was aber am schönsten ist: Hugos Bauch verschwindet. Von Tag zu Tag wird er dünner und flinker. Er fühlt sich in seiner Haut so richtig wohl. Für Hugo steht nun fest: Faulenzen ist zwar schön, aber nur hin und wieder. Sich bewegen macht genauso viel Spaß.

Auswertungen:

Gespräch

Bewegung ist gesund. Was macht ihr, um gesund zu bleiben?

Bewegungsspiellied

(Melodie: Wollt ihr wissen, ...)

Hinweis:

Der Text gibt die Bewegungen vor. Die Passagen mit dem faulen Bären werden langsam und träge gesungen, die der flinken Bären munter und schnell.

Wollt ihr wissen, wollt ihr wissen, was ganz faule Bären machen?
Honig schlecken, Honig schlecken, drehn sich langsam herum.
Wollt ihr wissen, wollt ihr wissen, was ganz flinke Bären machen?
Ja, sie hüpfen, ja, sie hüpfen, drehn sich blitzschnell herum.
Wollt ihr wissen, wollt ihr wissen, was ganz faule Bären machen?
Ja, sie schlafen, ja, sie schlafen, drehn sich langsam herum.
Wollt ihr wissen, wollt ihr wissen, was ganz flinke Bären machen?
Ja, sie klettern, ja, sie klettern, drehn sich blitzschnell herum.

Akrobatenspiele unter freiem Himmel

Eine gute Möglichkeit, neue Spielgeräte und -materialien auszuprobieren, ist, sie sich von anderen Kindergärten, Schulen oder Sportvereinen auszuleihen. Richten Sie eine Tausch- und Leihbörse ein, bei der mehrere Institutionen untereinander ihre Geräte je nach Bedarf austauschen. Davon profitiert jede der Einrichtungen, denn so haben alle die Möglichkeit, kostengünstig mit Geräten zu arbeiten, deren Anschaffung sonst zu teuer wäre. Vorhandenes Gerät kann so auch besser genutzt und Neuerwerbungen können schneller getätigt werden.

Akrobaten im Zirkus Floh

Dieses Angebot ist für einen warmen sonnigen Tag gedacht. Die Geräte werden auf dem Spielplatz bereitgestellt. Jedes Kind nimmt einen Sitzhocker mit nach draußen.

Material: Laufdosen, Hüpfbälle, Balancierscheiben, Rollbretter, Pedalos, Wackelbrett, Hüpfbrett u. Ä., eventuell Schminke oder einige Verkleidungsstücke, Sitzhocker

Hinweis: Für dieses Bewegungsspiel kann auch auf das vorhandene Material im Kindergarten zurückgegriffen werden.

Einstieg: Die Kinder sitzen in einem großen Kreis auf ihren Hockern, die Erzieherin initiiert ein Gespräch, etwa mit der Frage: „Habt ihr schon einmal einen Zirkus besucht?“ und leitet anschließend zur Geschichte vom Zirkus Floh über.

In der Stadt herrscht helle Aufregung. Wie jedes Jahr hat sich der Zirkus Floh angesagt und darauf freut sich schon Jung und Alt. Es ist nämlich ein ganz besonderer Zirkus: Er hat nur Tiere und als Akrobaten werden immer die Bewohner der Stadt eingeladen. Noch etwas zeichnet diesen Zirkus aus. Er hat kein Zelt. Die Vorstellungen finden unter freiem Himmel und nur bei Sonnenschein statt. Bisher hatte der Zirkus Glück. Die Sonne war in all den Jahren immer zur Stelle. Auch in diesem Jahr scheint sie wieder und es sieht ganz so aus, als habe der Zirkus Floh die Sonne gemietet. Wenn auf der großen Wiese im Stadtpark die Stühle aufgestellt sind, geht Bingo, der Clown, durch die Straßen, zeigt dort seine Kunststücke und ruft die Menschen so zum Mitmachen auf. Sein Ziel in der Stadt ist der Marktplatz. Dort

treffen sich viele Menschen und genau dort macht Bingo seine Späße. Seine Affen, Donner und Blitz, hat er zur Freude aller auch mitgebracht. Blitz hüpft den Leuten von Schulter zu Schulter, stößt den Männern die Hüte vom Kopf oder stibitzt blitzschnell aus den Einkaufskörben Bananen. Der Name Blitz passt also sehr gut zu ihm. Aber auch Donner, der andere Affe, ist so schnell wie Blitz. Bevor er jedoch mit seinen Späßen beginnt, stellt er sich hin, macht sich ganz groß und donnert mit den Fäusten auf seine Brust. Eines aber machen die beiden Affen immer gemeinsam und das wissen die Zuschauer schon. Donner und Blitz schlagen zusammen unzählige Purzelbäume. Die Zuschauer stehen dabei und zählen laut mit. Das ist immer ein Riesenspaß. Im letzten Jahr haben die beiden 88 Purzelbäume hintereinander geschlagen und in diesem Jahr, so hat Bingo angekündigt, sollen es noch viel mehr sein. Und richtig. In diesem Jahr schaffen sie genau 100 Purzelbäume. Die Menschen sind begeistert, klatschen und werfen zum Dank Geld in einen Hut. Nach dieser Vorstellung geht Bingo herum und schreibt die Namen der Leute auf, die in diesem Jahr mitmachen wollen. Es sind so viele, dass Bingo einige auf das nächste Jahr vertrösten muss.
Pünktlich um 12 Uhr treffen sich die Mitspieler im Stadtpark. Der Zirkusdirektor begrüßt sie, und Bingo und die Affen Blitz und Donner sind natürlich auch dabei. Gemeinsam wird nun das Balancieren und Seiltanzen, das Ballhüpfen, Dosenlaufen und natürlich das Purzelbaumschlagen geübt. Viele anstrengende Stunden vergehen und schließlich steht das Programm. Bingo geht mit Blitz und Donner wieder

durch die Stadt und verteilt Eintrittskarten. Am späten Nachmittag ist es so weit. Unzählige Besucher strömen in den Zirkus Floh. Bingo und der Direktor müssen sogar noch Stühle aufstellen, so viele Zuschauer sind in diesem Jahr gekommen. Und nun geht es los. Die Spannung ist riesengroß. Die Mitspieler sind sehr aufgeregt. Doch wie immer klappt alles ohne Fehler. Zwei Stunden lang sehen die Besucher wunderbare Kunststücke. Auch Blitz und Donner schauen zu. Sie klatschen nach jeder Vorführung und belustigen die Besucher mit ihren Purzelbäumen. Wieder zählen die Besucher laut mit. Sehr schnell vergeht die Vorstellung und als sich der Direktor, Bingo, Blitz und Donner verabschieden, versprechen sie, im nächsten Jahr wiederzukommen. Dann werden Blitz und Donner noch mehr Purzelbäume schlagen. Darauf freuen sich die Menschen schon jetzt und warten gespannt auf das nächste Jahr. Als der Zirkus die Stadt verlässt, stehen fast alle Einwohner an den Straßen und winken dem Direktor, Bingo, Blitz und Donner lange hinterher.

Auswertung:

Nach dieser Geschichte werden die vorhandenen Spielgeräte und -materialien zum Experimentieren und Üben verteilt. Jedes Kind soll dabei alle Geräte ausprobieren können.

Schluss:

Nach einer längeren Experimentierphase, die den größten Teil des Tages ausmachen oder sogar mehrere Tage dauern kann, werden die „Kunststücke“ einer anderen Gruppe vorgestellt oder auf einem kleinen Akrobatenzirkusfest gezeigt. Dazu können sich die Kinder schminken oder verkleiden.

Quer durch den Dschungel

Materialien:

Sprossenwand, 1 Leiter, 2 Bänke, 4 Matten, Schwungseile oder Ringe, 2 Kästen oder Trapezblöcke, 8 Rollbretter (alternativ: alte Skateboards), 12 Reifen , 8 Gymnastikstäbe, Schminkfarbe in Grün und Braun (Tarnfarbe), drei Sitzhocker oder Bierkästen, 3 bis 4 Holzbausteine, 3 Plastikeimer, 3 Kissen, eine Decke, Kassettenrecorder mit ruhiger Musik/Wasser und Windgeräusche, mehrere Rasseln, Trommeln oder andere Klanginstrumente, ein rotes Tuch, mehrere Äste und Zweige, Tamburin und Schlägel

Hinweis:

Diese abenteuerliche Reise wird in eine Bewegungsgeschichte eingebunden. Der Bewegungsparcours kann auch mit anderen, im Kindergarten vorhandenen Geräten nach eigenen Ideen zusammengestellt werden.

Raumvorbereitung:

Die Decke wird in einer Raumecke ausgebreitet. Die Materialien sind als Hindernisparcours aufgebaut. Falls der Raum nicht groß genug sein sollte, wird nach dem ersten Teil (Anreise im Flugzeug) eine Pause eingelegt, in der die Hindernisse aufgestellt werden.

Anzahl der Kinder:

höchstens 8

Einstieg:

Die Kinder betreten in Turnzeug den Raum. Sie setzen sich auf die Decke. Die Erzieherin initiiert ein Gespräch zum Thema Urlaub und Urlaubsziele. Dabei lenkt sie das Gespräch auf die folgende Geschichte.

Wie jedes Jahr im Sommer reisen viele Menschen in andere Länder. Auch wir wollen heute eine Reise machen. Ich lade euch ein, mit mir in den Dschungel nach Afrika zu kommen. Dort besuchen wir den Stamm der Pinkis. Es sind Bewohner des Dschungels, die uns zu einem Regenfest eingeladen haben. Ich habe schon ein Flugzeug für uns alle gemietet. Es ist aber ein ganz besonderes Flugzeug. Wir können mit ihm durch die Luft segeln.

Doch dieses Segelflugzeug steht auf einem großen Flugplatz am Ende des Dorfes (der Stadt). Dorthin müssen wir erst einmal gemeinsam laufen.

Laufen nach Tamburinschlag.

Weil wir uns auf diese Reise freuen, springen und hüpfen wir ausgelassen herum. In der Ferne sehen wir schon das Flugzeug. Wir wollen es möglichst schnell erreichen, darum laufen wir so schnell es geht .

Nach Tamburinschlag durch den Raum springen und hüpfen.

Nach schnellem Tamburinschlag laufen.

Wir sind da. Voller Erwartungen steigen wir ein und schon segeln wir los.

Die Kinder bekommen je einen Gymnastikstab. Sie fassen ihn rechts und links ganz an den Enden an, stellen sich hintereinander auf und machen genau die Bewegungen des Piloten (Erzieherin) nach, der durch den Raum geht.

Der Wind steht gut und das Segelflugzeug fliegt lautlos am Himmel entlang. Unser Ziel ist der Dschungel von Afrika. Nach einigen Stunden kommen wir dort an.

Wir steigen aus und machen uns auf den Weg in eine unbekannte Welt.

Den Stab als Wanderstab benutzen.

Der Weg durch den Dschungel ist sehr uneben und beinah undurchdringlich und wir müssen beim Gehen gut aufpassen.

Sitzhocker oder Getränkekästen, dicke Holzbausteine, umgestülpte Eimer, Kissen, eine Leiter, die auf dem Boden liegt, und andere Dinge, die das Gehen erschweren, liegen im Weg.

Jeweils zwei Kinder malen sich gegenseitig mit den Tarnfarben die Gesichter an.

Seltsame Geräusche sind zu hören. Damit wir in dem dichten Gestrüpp nicht so leicht zu erkennen sind, bemalen wir unsere Gesichter mit Tarnfarbe.

Nach einiger Zeit kommen wir an einen Fluss. O je, wie kommen wir nur auf die andere Seite? Versteckt hinter hohem Schilf sehen wir einige alte Boote. Sie sind schon sehr morsch und wir müssen sie erst wieder fahrtüchtig machen.

Bauanleitung für die Boote: Durch je drei Reifen wird eine Matte gezogen. Jeweils zwei Kinder setzen sich in das Boot.

Nachdem die Boote ausgebessert sind, können wir übersetzen. Die Strömung des Flusses ist stark und unser kleines Boot schwankt hin und her.

Durch ihre Körperbewegungen bringen die Kinder das Boot zum Schaukeln.

Doch wir schaffen es, den Fluss zu überqueren und machen uns weiter auf den Weg.

Erneut den Hindernisparcours durchqueren.

Bei jedem Schritt wird der Dschungel dichter. Wieder ist der Weg uneben und sehr gefährlich.

Plötzlich stehen wir vor einem riesigen Berg. Den müssen wir nun erklimmen.

Die Leiter wird an eine Seite der Sprossenwand gestellt und Matten, die auf dem Boden liegen, sichern die andere Seite ab. Die Kinder klettern die Leiter hinauf.

Oben führt nur ein sehr schmaler Weg durch dichtes, dorniges Gestrüpp. Da wir nicht durch das Gestrüpp gehen wollen, springen wir mutig in das kalte Wasser eines Sees.

Auf die Matten springen.

Doch der See ist endlos groß und wir können ihn nicht durchschwimmen. Wir entdecken viele dünne Äste und dicke Baumstämme. Sie liegen wie ein Floß dicht zusammen und schwimmen genau auf uns zu. Vorsichtig klettern wir hinauf, ergreifen einen dünnen Ast und paddeln so durch den See.

Die Kinder setzen sich auf Rollbretter oder Skateboards und stoßen sich mit Gymnastikstäben vorwärts.

Am anderen Ufer geht es dann weiter, wieder auf einem sehr überwucherten Weg in den dichten Dschungel hinein.

Den Hindernisparcours gehen.

Die Kinder legen sich auf eine Decke, schließen die Augen und lauschen ruhiger Musik mit Wasser- und Windgeräuschen.

Die Sonne brennt und dicke Schweißtropfen laufen von unserer Stirn. Wir setzen uns in den Schatten eines Baumes und ruhen uns ein wenig aus. Es ist still hier. Man hört nur den Wind, einige Vögel und das beruhigende Plätschern eines Baches.

Erneut über den Hindernisparcours gehen.

Nach dieser erholsamen Pause gehen wir weiter.

Eine Leiter wird auf eine Erhöhung, z. B. zwei Kästen oder Trapezböcke, gelegt, die Kinder überqueren sie evtl. mit Hilfestellung.

Mit einem Mal stehen wir vor einer tiefen Schlucht. Wir müssen sie über eine schmale Brücke überqueren.

Weiter über den Hindernisparcours.

Auf der anderen Seite der Schlucht geht der Weg weiter und führt zu einem reißenden Wasserfall und einem glasklaren, kleinen See. Hier führt keine Brücke zur anderen Seite. Von einem Baum hängen lange dicke und dünne Zweige herunter. Sie sehen aus wie Seile.

Seile oder Ringe hängen von der Decke.

An diese hängen wir uns und schwingen ans andere Ufer.

Nun ist es nicht mehr weit. Das Dorf der Pinkis muss ganz in der Nähe sein. Der Weg führt noch einmal durch eine dichte Pflanzenwelt und wir müssen über Baumstämme balancieren.

Die Kinder balancieren über 2 Bänke, die auf der Breit- und Schmalseite stehen.

Endlich haben wir unser Ziel erreicht. Die Dorfbewohner erwarten uns schon. Sie wollen mit uns ein Fest feiern und dem Regengott für den Regen danken, der ihnen in diesem Jahr eine gute Ernte geschenkt hat. Zusammen mit den Pinkis suchen wir Holz für ein Feuer, dann verteilen sie ihre Klanginstrumente und wir machen Musik und singen. Die Gesänge und die Musik fordern uns alle zum Tanzen auf.

Gemeinsam wird eine Feuerstelle gebaut.

Die Kinder tanzen mit den Instrumenten und versuchen, durch unterschiedliche Laute, Geräusche und Klangverbindungen mit ihrer Stimme und den Instrumenten „Dschungelmusik" zu machen.

Die Kinder ruhen sich auf der Decke aus.

Tief in der Nacht legen wir uns müde auf das Lager, das die Pinkis für uns errichtet haben.

Jedes Kind sitzt auf einem Rollbrett oder Skateboard und stößt sich mit einem Gymnastikstab vorwärts.
Jedes Kind fasst seinen Stab an den Enden und läuft hinter der Erzieherin her.

Am anderen Morgen bringen uns einige Dorfbewohner sicher mit ihren Booten zurück. Sie kennen einen anderen Weg, auf dem wir schnell zu unserem Segelflugzeug kommen.
Wir sind an unserem Flugzeug angekommen, steigen vom Boot um in das Flugzeug und fliegen zurück.

Die Kinder legen den Stab weg, geben sich die Hand und gehen auf die Decke.

Nach einigen Stunden sind wir wieder in unserer Welt. Wir steigen aus dem Flugzeug, verabschieden uns und gehen nach Hause zurück.
Zu Hause erzählen wir allen Freunden von der abenteuerlichen Reise durch den Dschungel.

Auswertung:

Die Kinder können untereinander ihre Erfahrungen austauschen und erinnern sich, was sie alles erlebt haben.

Lotte, die Flotte

Diese Mitmachgeschichte ist sowohl im Morgen- bzw. Abschlusskreis als auch vor einem Turnangebot einsetzbar.

Material: eine Pfeife, ein Tamburin

Vorbereitung: Für diese Mitmachgeschichte sollte viel Platz zur Verfügung stehen.

Einstieg: Lotte ist gerade erst fünf Jahre, aber im Turnen sehr begabt. Seit einem Jahr ist sie in einem Sportverein und dort hat sie schon viel gelernt. Faul zu sein oder mal keine Lust zu haben, das gibt es für sie nicht. Weil Lotte im Sport so gut ist, wird sie von allen anderen „Lotte, die Flotte" genannt. Der Übungsleiterin im Turnverein, Frau Schröder, machen die Kinder, besonders Lotte, sehr viel Freude. Deshalb denkt sie sich jede Woche etwas Neues aus. Auch heute weiß noch niemand, was gemacht wird.

Wollt ihr auch mal mit zu Frau Schröder? Kommt, wir gehen heute gemeinsam zum Turnen. (Alle machen Gehbewegungen auf der Stelle.) O je (Erzieherin schaut auf die Uhr.), wir müssen uns beeilen, es ist schon spät (Alle gehen schneller.) Endlich sind wir da.
Wir gehen in den Umkleideraum, ziehen unsere Kleidung aus (pantomimisch ausziehen) und unser Turnzeug an (pantomimisch anziehen). So, nun aber schnell in die Turnhalle. (Schnell auf der Stelle laufen.) Frau Schröder und die anderen Kinder sind schon da. Wir begrüßen uns (Sich die Hände reichen.) und dann geht es auch schon los. Lotte ist auch da, sie winkt uns zu. (Sich gegenseitig zuwinken.) Frau Schröder gibt ein Zeichen (Erzieherin pfeift.) und ruft: „Auf, ab, auf, ab, auf, ab.“ Diese Worte ruft sie immer wieder und alle gehen schnell hintereinander in die Hocke und kommen wieder hoch. (Mehrmals in die Hocke gehen und wieder aufstehen.) Dabei halten alle ihre Arme nach vorne ausgestreckt.
Nun machen wir mit Frau Schröder einen Dauerlauf. Sie läuft voran und wir hinterher. (Alle laufen hinter der Erzieherin her.) Mit einem Mal ertönt ein lauter Pfiff (Erzieherin pfeift.) und wir bleiben stehen. (Alle bleiben stehen.) Frau Schröder hüpft nun wie ein Hampelmann. Sie springt in die Grätsche, schlägt die Hände überm Kopf zusammen und hüpft zurück in den aufrechten Stand. Wir machen mit. (Alle machen die Hampelmannbewegungen.) Dabei kommt man ganz schön ins Schwitzen. (Mit der Hand über die Stirn streichen.)
Jetzt holt Frau Schröder ein Tamburin. Sie gibt den Takt vor und wir springen wie ein Ball immer auf der Stelle. (Nach Tamburinschlag auf der Stelle springen.) Da muss man schon kräftig pusten. Doch kaum haben wir das geschafft, drehen wir unsere Arme so schnell wie eine Windmühle (Die Arme drehen.), zuerst von hinten nach vorne, dann von vorne nach hinten. Nun können sich einige Kinder eine Turnübung ausdenken. Na, wer von uns hat Lust und macht etwas vor? (Jedes Kind kann nun den anderen etwas vormachen, die anderen machen die Bewegungen nach.) Jetzt sind aber alle ganz schön aus der Puste. Frau Schröder schaut auf die Uhr. Die Sportstunde ist zu Ende.
Schnell gehen wir in den Umkleideraum, ziehen uns aus (pantomimisch darstellen), waschen uns (pantomimisch darstellen) und ziehen uns an (pantomimisch darstellen). Danach verabschieden wir uns (Die Kinder geben sich die Hand.) und gehen nach Hause.
Auch Lotte geht nach Hause. Sie ist müde, genau wie wir. Denn für sie war es auch eine anstrengende Stunde. Aber eines wissen wir jetzt: wir sind genauso flott wie Lotte.

Herr Langsam und Frau Schnell

Dieses Geschichte eignet sich gut für den Morgenkreis. Alle angegebenen Bewegungen und Tätigkeiten werden von den Kindern langsam bzw. schnell nachgespielt. Auch die Geschichte wird langsam und schnell vorgelesen.

Langsam lesen!

In einem großen Haus wohnt Herr Langsam. Er ist, genau wie sein Name sagt, sehr, sehr langsam. Morgens, wenn er aufsteht, braucht er sehr viel Zeit, denn er wäscht sich langsam, zieht sich langsam aus und wieder an, geht langsam zum Frühstückstisch, isst langsam sein Brot, zieht langsam seinen Mantel an und geht dann ganz, ganz langsam die Treppe hinunter, ganz langsam die Straße entlang, und es dauert sehr lange, bis er seine Arbeitsstelle erreicht hat. Dort schreibt er den ganzen Tag sehr langsam Briefe. Abends geht er wieder langsam nach Hause, geht langsam die Treppe hinauf, zieht langsam seinen Mantel aus, isst langsam sein Abendbrot, zieht sich langsam aus, legt sich langsam ins Bett und schläft langsam ein.

Schnell lesen!

Gegenüber wohnt Frau Schnell. Sie ist genau, wie es ihr Name sagt, sehr, sehr, schnell. Morgens, wenn sie aufsteht, braucht sie wenig Zeit, denn sie wäscht sich schnell, zieht sich schnell aus und wieder an, geht schnell zum Frühstückstisch, isst schnell ihr Brot, zieht schnell ihren Mantel an und geht dann ganz, ganz schnell die Treppe hinunter, schnell die Straße entlang, und es dauert nicht lange, bis sie ihre Arbeitsstelle erreicht hat. Dort schreibt sie den ganzen Tag schnell viele Briefe. Abends geht sie wieder schnell nach Hause, geht schnell die Treppe hinauf, zieht schnell ihren Mantel aus, isst schnell ihr Abendbrot, zieht sich schnell aus, legt sich schnell ins Bett und schläft ganz schnell ein.

Herr Langsam und Frau Schnell begegnen sich leider nie, denn dafür ist Herr Langsam zu langsam und Frau Schnell zu schnell.

Alles, was sich bewegt

Schaukelkind

Material:

weiße Pappe, Wachsmalstifte, Wolle, Krepppapier, Schere, Klebstoff, ein scharfes Messer, Tesafilm, pro Figur 1 Toilettenpapierrolle und 1 Pfeifenputzer

Herstellung:

Die Erzieherin schneidet die Toilettenpapierrolle der Länge nach durch. Die beiden halben Röhren liegen wie zwei Wiegen mit der runden Seite auf dem Tisch. Ein Pfeifenputzer wird halbiert und die beiden Stücke werden in der Mitte zusammengedreht, so dass die vier Enden wie ausgestreckte Arme und Beine auseinander stehen. Auf die weiße Pappe wird der Umriss eines Körpers gemalt, ausgeschnitten und angemalt. Mit Wolle und Krepppapier bekommt diese Figur Haare, ein Kleid, einen Rock usw. An diesen Pappkörper werden die Pfeifenputzer so geklebt, dass die vier Enden als Arme und Beine über den Körper hinausragen. Nun nimmt die Erzieherin ein Messer und schneidet in die Toilettenrollenhälfte auf jeder Seite eine kleine Kerbe. Dort wird der Pappkörper festgesteckt. Nun kann die Rolle hin und her geschaukelt werden und das Männchen schaukelt mit.

Zappelmann

Material:

ein Messer, Klebstoff, Schere, Wachsmalstifte, etwas trockener Sand, Watte, Wolle, Krepppapier, pro Figur 1 Toilettenpapierrolle, 4 Luftballons und 1 größere Wattekugel

Herstellung:

In die vier Luftballons wird ein wenig Sand gefüllt. Danach werden sie zugeknotet. Auf die Toilettenpapierrolle wird mit Wachsstiften der Körper des Zappelmanns gemalt. Die Erzieherin schneidet mit dem Messer oben und unten jeweils gegenüberliegend eine Kerbe. Dort verkeilt sie nun die Luftballons als wackelnde Arme und Beine. Nun wird die Wattekugel als Kopf aufgeklebt. Mit Krepppapier, Watte und Wolle kann der Zappelmann individuell verschönert werden.

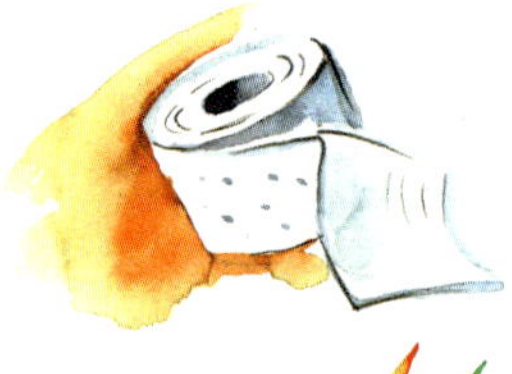

Wackelclown

Material: Zahnstocher, Plakafarbe, etwas Pappe, Krepppapier in verschiedenen Farben, Pinsel, Schere, Klebstoff, pro Figur 1 große, 1 mittelgroße und 1 ganz kleine Wattekugel

Herstellung: Die große und mittlere Wattekugel werden mit Hilfe eines Zahnstochers miteinander zum Körper des Wackelclowns verbunden. Aus Pappe wird ein Streifen geschnitten und zu einem kleinen Ring zusammengeklebt. Darauf stellt man den Wattekugelkörper. Der Körper wird nun mit Farbe und Pinsel bunt bemalt. Auch die kleine Wattekugel wird auf einen Zahnstocher gesteckt, mit roter Farbe angemalt und als Nase im Gesicht des Clowns befestigt. Nun kann das Clownsgesicht gemalt werden. Zum Schluss bekommt der Clown aus Krepppapier Haare.

Purzelmann

Material: ein Käseschachtelrohling, Wachsstifte, Schere, Klebstoff, weißes Tonpapier

Herstellung: Aus Boden und Deckel der Käseschachtel wird ein großer Kreis herausgeschnitten. Auf das weiße Tonpapier wird der Umriss eines Körpers gemalt. Er muss so groß sein, dass man ihn auf die entstandenen Öffnungen der Käseschachtel kleben kann. Nun wird die Käseschachtel von beiden Seiten bemalt und zusammengeklebt. Danach wird zweimal der Körper aus dem Tonpapier ausgeschnitten. Beide Körper werden nun angemalt und jeweils auf eine der kreisrunden Öffnungen geklebt. Nun kann der Purzelmann gerollt werden.

Schlabbermänner

Material: Luftballons, Tonpapier in verschiedenen Farben, Wattekugeln, Korken oder kleine Jogurtbecher, Klebstoff und Filzstifte (geeignet für Luftballons), Wolle

Herstellung: Der Luftballon wird aufgeblasen und fest zugeknotet. Aus dem Tonpapier werden schmale Streifen geschnitten. Aus jeweils zwei Streifen wird die bekannte Ziehharmonika gefaltet. Davon werden vier benötigt. Diese werden seitlich als Arme und unten als Beine angeklebt. Der Knoten des Luftballons sitzt oben auf dem Kopf. Daran wird ein Wollfaden gebunden, an dem er aufgehängt werden kann. Nun wird die Wattekugel, der Korken oder der kleine Joghurtbecher als Nase angeklebt. Der Schlabbermann bekommt zum Schluss noch ein Gesicht, das mit Filzstiften aufgemalt wird.

Lustige Bewegungslieder

Es geht ein Zi-Za-Zappelmann
(Melodie: Es tanzt ein Bi-Ba-Butzelmann)

Alle Kinder stehen im Kreis und singen gemeinsam das Lied vom Zappelmann. Bei jeder Strophe hüpft jeweils ein anderes Kind als Zappelmann im Kreis. Alle Kinder und der Zappelmann agieren dem Lied entsprechend, indem sie mit den Fingern zappeln, mit den Armen zappeln, mit dem Kopf wackeln usw.

Es geht ein Zi-Za-Zappelmann in diesem Kreis herum, dideldum,
es geht ein Zi-Za-Zappelmann in diesem Kreis herum.
Die Finger zappeln hin und her, das freut den Zappelmann so sehr.
Es geht ein Zi-Za-Zappelmann in diesem Kreis herum.

Weitere Strophen:
… Die Arme zappeln hin und her …
… Der Kopf, der wackelt hin und her …
… Der Po, der wackelt hin und her …
… Der Bauch, der wackelt hin und her …
… Die Beine wackeln hin und her …
… Der Körper wackelt hin und her …
… Der Zappelmann, der ruht sich aus, er zappelt langsam nun nach Haus …

Ein kleiner Wackelmann
(Melodie: 10 kleine Negerlein)

Während die Kinder das Lied singen, wackeln sie mit dem ganzen Körper.

Ein kleiner Wackelmann, der wackelt ganz allein,
er sucht sich einen Wackelmann und schon sind sie zu zwein.
Zwei kleine Wackelmänner wackeln auch mit dir,
sie hol'n sich einen Wackelmann und nun sind sie schon vier.
Vier kleine Wackelmänner wackeln durch die Nacht,
sie treffen auf vier Wackelmänner und nun sind es acht.
Acht kleine Wackelmänner wackeln nun nach Haus,
sie legen sich zum Schlafen hin, ruh'n sich für heute aus.

Nach der letzten Strophe gehen die Kinder in die Hocke, schließen die Augen und schnarchen leise.

Schaut her, ich bin der Hampelmann

(Melodie: Ein Vogel wollte Hochzeit machen)

Mit dem Finger auf sich zeigen.	Schaut her, ich bin ein Hampelmann,
Wie ein Hampelmann mit Armen und Beinen hampeln.	ich zeig dir nun, was ich so kann. Fideralala …
Mit dem Kopf nicken.	Ich nicke mit dem Kopf und dann
Mit Armen und Beinen hampeln.	fang' ich ganz froh zu hampeln an. Fideralala …
Arme heben.	Ich heb die Arme, schau, und dann
Mit Armen und Beinen hampeln.	fang' ich ganz froh zu hampeln an. Fideralala …
Abwechselnd die Beine heben.	Ich heb die Beine, schau, und dann
Mit Armen und Beinen hampeln.	fang' ich ganz froh zu hampeln an. Fideralala …
Mit Armen und Beinen hampeln.	So hampel ich den ganzen Tag,
	weil ich das Hampeln gerne mag. Fideralala…
In die Hocke gehen. Leise summen.	Und bin ich müd, geh ich zur Ruh und mache meine Augen zu. Fideralala …

Eine Spaßolympiade

Veranstalten Sie einmal bei schönem Wetter auf Ihrem Spielplatz eine Spaßolympiade mit nicht alltäglichen Spielen. Die Kinder werden viel Freude an den verschiedenen Aufgaben haben. Alle angegebenen Spiele können mehrmals gemacht werden. Die Spiele eignen sich genauso gut für ein Familienfest, d. h. auch Erwachsene können bei der Spaßolympiade mitmachen.

Material:

2 Paar Schwimmflossen, viele Fähnchen, eine Pfeife, mehrere Tennisbälle, zwei Stockschirme mit gebogenen Griffen, mehrere Frisbeescheiben, zwei Stöcke, Luftballons, 2 Seilchen oder eine lange Schnur, Zeitungen, 2 Kopftücher, 2 Ringe aus Blumendraht, 4 Bambusstäbe, 2 Hocker, mehrere Bierdeckel, rosa Tonpapier, Luftschlangen, Korken, Perlen, Wolle, Scheren, Klebstoff, Locher, Paketband, Zutaten für den Durstlöscher: ungespritzte Zitronen, Honig, Mineralwasser

Flossenlauf

Jeweils zwei Kinder spielen zusammen bzw. gegeneinander. Mit Fähnchen werden zwei gleich lange, parallel laufende Strecken abgesteckt. Die Kinder bekommen Schwimmflossen an ihre Füße. (Die Füße und Flossen nass machen, dann können sie leichter angezogen werden.) Auf ein Signal hin laufen beide die Strecke so schnell wie möglich ab.

Hockeylauf

Jeweils zwei Kinder treten gegeneinander an. Es kann dieselbe Strecke wie beim Flossenlauf genommen werden. Jedes Kind bekommt zwei Tennisbälle und einen Stockschirm. Auf ein Startsignal hin müssen die Tennisbälle nacheinander mit dem Griff des Stockschirmes durch den Parcours zum Ziel gerollt werden.

Frisbee-Zielwurf

Mehrere Kinder stehen nebeneinander an einer Wurflinie. Als Wurfziel ist ein breites Tor aus zwei Stöcken aufgebaut. Die Kinder bekommen eine Frisbee-Scheibe und sollen nacheinander versuchen, die Scheibe von der Linie aus durch die beiden Torstangen zu werfen.

Bocksprung

Die Kinder finden sich in Zweiergruppen zusammen. Jeweils ein Mitspieler geht in die Bankstellung. Alle diese „Böcke“ stehen auf einer Linie im gleichen Abstand nebeneinander. Der zweite Mitspieler jeder Gruppe stellt sich hinter dem ersten auf. Nach einem Signal springen alle gleichzeitig über ihre Mitspieler und gehen dann direkt vor ihnen als „Bock“ auf alle viere. Inzwischen sind die übersprungenen Mitspieler aufgestanden und springen nun ihrerseits usw. Welche Mannschaft ist als Erste am Ziel?

Ringstechen

Am Ziel stehen zwei Kinder auf einem Hocker und halten an einem Band einen Ring (Blumendraht umwickelt mit leuchtenden Stoffstreifen oder Wolle). Am Start stehen jeweils zwei Kinder. Sie haben einen Bambusstab in der Hand, ein weiterer Bambusstab liegt auf dem Boden. Auf ein Zeichen hin laufen sie los, und ohne anzuhalten werfen sie am Ziel ihren Stab durch den Ring. Dann laufen sie zurück, holen den zweiten Stab und werfen ihn am Ziel ebenfalls durch den Ring. Wer hat zuerst die beiden Stäbe durch den Ring geworfen?

Froschhüpfen

Zwei Kinder stehen nebeneinander an einer Startlinie. Sie spielen zusammen bzw. gegeneinander und gehen in die Hocke. Mit Zeitungseiten, die Steine darstellen sollen, wird für jedes Kind ein Weg gelegt. Auf ein Zeichen hin hüpfen sie wie Frösche von einem Stein zum anderen bis ins Ziel.

Hochzeitslauf

Hier spielen jeweils zwei Kinder zusammen gegen zwei andere Kinder. Mit Fähnchen werden zwei gleiche Strecken abgesteckt. Die beiden Spielpartner stellen sich nun nebeneinander. Dann werden sie mit einem Kopftuch zusammengebunden: Das linke Bein des rechten Mitspielers am rechten Bein des linken Mitspielers. Auf ein Signal hin gehen, laufen oder hüpfen sie nun um die Wette durch den Parcours zum Ziel.

Rückwärtslauf

Zwei Kinder stehen am Start eines mit Fähnchen markierten Wegs. Nach dem Startzeichen läuft jedes auf seiner Seite an den Fähnchen entlang rückwärts zum Ziel.

Ballontreiben

Die Kinder stehen an einer Startlinie und haben einen aufgeblasenen Luftballon in der Hand. Am Ziel halten zwei Kinder eine Schnur hoch. Auf ein Zeichen hin müssen die Kinder am Start loslaufen. Dabei treiben sie ihren Luftballon mit der Hand vor sich her, ohne ihn festzuhalten. Haben sie das Ziel erreicht, werfen sie ihn über die Schnur.

Limonentrunk

Bewegung macht durstig, und deshalb sollte es an einer Spaßolympiade nicht an erfrischenden und belebenden Getränken fehlen. Reiben Sie von zwei unbehandelten Zitronen die Schale ab, pressen Sie den Saft aus und geben Sie beides in einen Krug. Geben Sie 2 EL Honig dazu und lassen Sie diese Mischung etwa 1 Stunde lang ziehen. Dann füllen Sie den Krug mit Mineralwasser auf.

Abschluss:

Am Ende der Spaßolympiade bekommt jeder Teilnehmer einen Orden. Gestalten Sie aus einem Bierdeckel, den Sie mit rosafarbenen (Gesichtsfarbe) Tonpapier bekleben, mit Hilfe von Luftschlangen (Haare), Korken (Nase), Perlen (Augen) und Wollfaden (Mund) ein Clownsgesicht.
Kleben Sie den Wollfaden für den Mund nur an den Enden fest. Dann bewegt sich der Mund beim Bewegen des Bierdeckels mit. Befestigen Sie an diesem Clownsgesicht ein Band, dann können die Kinder diesen Orden stolz nach Hause tragen.

Knackiges und Deftiges für Purzelbaumtage

Nach einer anstrengenden Turn- und Bewegungsstunde schmeckt jedem Kind etwas Kräftiges und Deftiges. Vielleicht ist es möglich, dass ein Teil der Gruppe, während der andere Teil noch turnt, für die Akrobaten zur Überraschung ein paar kräftigende Häppchen zubereitet. Darüber würden sich bestimmt alle freuen.

Gemüse-/Obstspieße

Zutaten: Gemüse oder Obst nach Saison und Wahl, Holzspieße, eine Pampelmuse

Zubereitung: Die Zutaten werden in kleine Würfel geschnitten und kunterbunt auf die Spieße gesteckt.
Diese können dann in eine halbierte Pampelmuse gesteckt werden. So kann man die Spieße besser servieren, und das Fruchtfleisch der Pampelmuse bereichert die Spieße um eine Geschmacksnote.

Kräuterdip für Gemüsespieße

Zutaten: 1 Becher Magerquark, 1 Tasse Milch, 1 Prise Kräutersalz, 1 Bund Schnittlauch, 1 Bund Petersilie, 1 Bund Kresse oder andere Kräuter

Zubereitung: Magerquark, Milch und Kräutersalz miteinander verrühren. Kräuter kleinschneiden und untermengen.

Brotspieße

Zutaten: Graubrotscheiben, Schmelzkäse, Cocktailtomaten, Schaschlikspieße aus Holz, eine halbe Pampelmuse oder Apfelsine

Zubereitung: Von den Graubrotscheiben wird die Kruste abgeschnitten.
Nun werden die Scheiben mit dem Schmelzkäse bestrichen, in drei oder vier Lagen aufeinander geschichtet und in Würfel geschnitten. Die Coktailtomaten werden gewaschen. Nun können abwechselnd die Brotwürfel und die Tomaten aufgespießt werden. Die Spieße werden in die Pampelmuse oder Apfelsine gesteckt.

Variation: An Stelle der Tomaten können auch kleine Gurken oder Würstchen aufgespießt werden.

Förmchenbrote

Zutaten: Weißbrotscheiben, Salami, Remoulade, Radieschen oder eine Gurke, größere Backförmchen

Zubereitung: Die Rinde wird von den Weißbrotscheiben entfernt. Dann werden die Brotscheiben dünn mit Remoulade bestrichen, mit dünnen Gurkenscheiben und Salami belegt und mit einer weiteren, mit Remoulade bestrichenen Brotscheibe zubedeckt. Nun werden mit den großen Backförmchen Figuren austochen.

Überbackene Brötchen

Zutaten: kleine Partybrötchen, gewürztes Mett, Scheiblettenkäse

Zubereitung: Die Brötchen werden halbiert, mit Mett bestrichen und mit einer Scheibe Schmelzkäse belegt. Dann werden die Brötchenhälften auf ein Backblech gelegt und kurz im Ofen überbacken.

Bällchenspieße

Zutaten: gewürztes Mett, kleine Gurken aus dem Glas, Weißbrotscheiben, Holzspießchen, eine Pampelmuse oder Apfelsine

Zubereitung: Aus dem Mett werden kleine Kugeln geformt und in der Pfanne gebraten. Die Kruste der Weißbrotscheiben wird abgeschnitten. Dann werden die Scheiben gewürfelt und in der Pfanne knusprig gebraten.
Nun werden Spieße, bestehend aus einem Bällchen Mett, einem Würfel Knusperbrot und einer kleinen Gurke, gemacht und auf die halbierte Pampelmuse (Apfelsine) gesteckt.

Literatur

Annette Krawietz, Christine Krawietz, Marianne Rohr, Frank P. Schröder
Heute bin ich Pirat
Bewegungsangebote im Kindergarten
Herausgeber: Sportjugend Hessen / Frankfurt am Main 1997

Dorothea Durchholz, Michael Müller- Schwarz
Hoppla
Entwicklungsfördernde Bewegungsangebote unter psychomotorischen Gesichtspunkten
Herausgeber: Sportjugend Hessen / Frankfurt am Main 1997

Gisela Stein
Kinder und Eltern turnen
Meyer u. Meyer Verlag, Aachen 1997

Renate Zimmer
Handbuch der Psychomotorik
Herder Verlag, Freiburg 1999

Wolfgang Hering
Bewegungslieder für Kinder
Rowohlt Taschenbuch Verlag
Hamburg 1994

Renate Zimmer
Kreative Bewegungsspiele
Herder Verlag, Freiburg 1996

Renate Zimmer
Schafft die Stühle ab
Herder Verlag, Freiburg 1995

Annette Krawietz, Christine Krawietz, Marianne Rohr
Bewegung kunterbunt
Herausgeber: Sportjugend Hessen / Frankfurt am Main 1997

Illustrationen: Unen Enkh, Denzlingen
Layout: Zumstein Grafik-Design, Merzhausen
Redaktion: Martin Stiefenhofer
Herstellung: J. P. Himmer, Augsburg
ISBN 3-451-27108-7